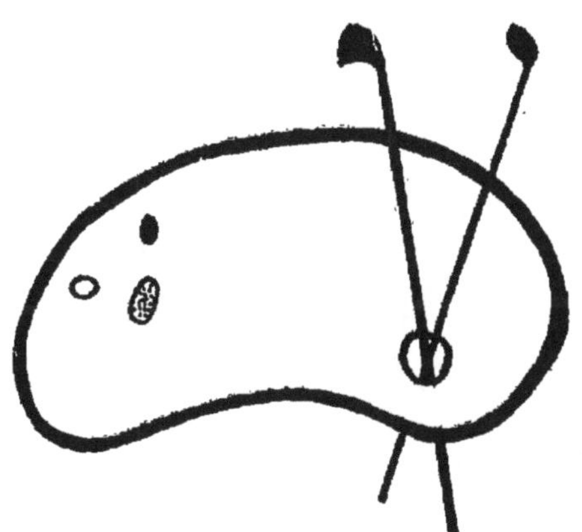

COUVERTURE SUPERIEURE ET INFERIEURE
EN COULEUR

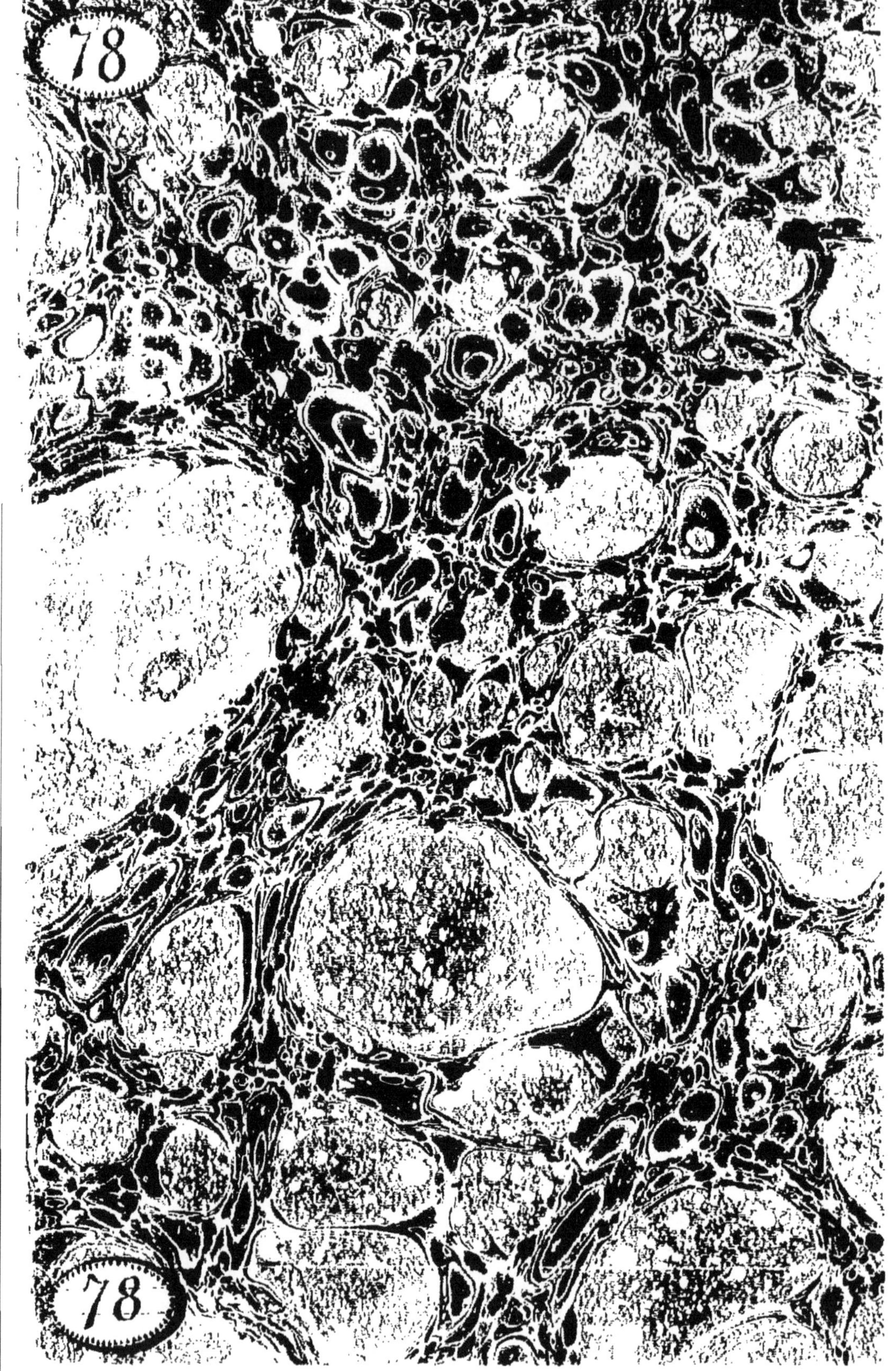
78
78

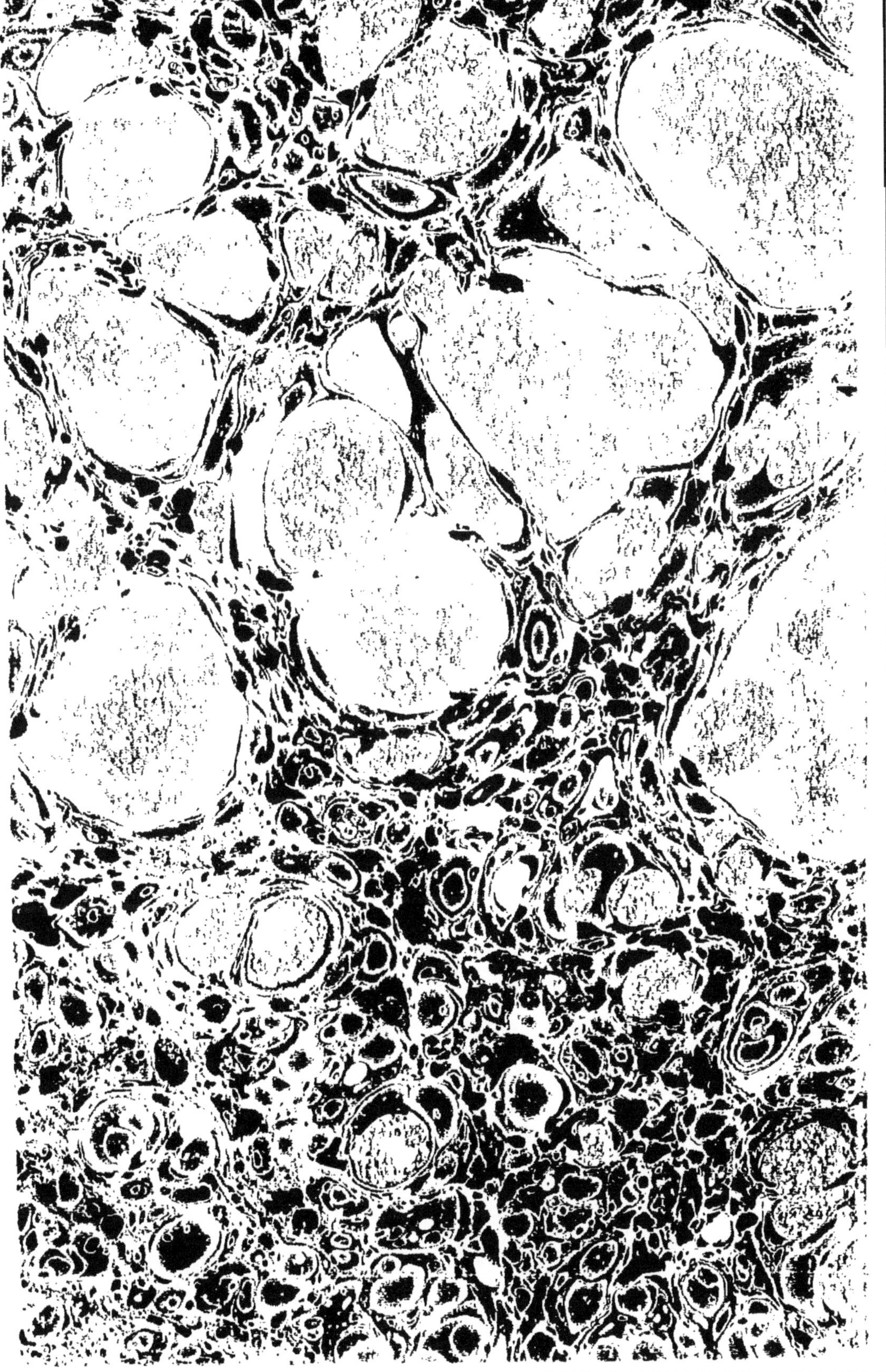

746 - 50

750
Livres 260 50
489.50

750
37 - 50
787 50

Honoraire 5 % 37.50
Dépenses 7
44.50

Hon. 39 - 35
7
46.35

Dividende 205 - 70
44 - 50

Bordereau

N°	Désignation			F	c
N°. 18	Leroux General Foy	M. Berger		2	
26	184 Bois acteurs	Soleirol		15	
	30 Acteurs	Soleirol		10	
31	Watteau les Deux Cousins			5	50
36	14 divers	Laurent		10	50
	10 Ecole Italienne			5	
	20 lithog. Scheffer			1	75
	31 Sujets religieux			6	
	20 Ecole flamande			4	25
	30 Vignettes	Moulin	Martin	2	50
	50 Vig. eauforte		Martin	2	50
	50 Vig.			2	50
	50 olympe guerriers			1	
	43 portraits			5	50
	30 Eauxfortes		Martin	1	50
	39 Statues etc			3	25
	3 portraits	Cosson		1	
	22 Vignette			1	
	3 Statues			1	
	3 Paysages com.			2	
	4 " Ovales			2	
	50 divers	Perrot		1	
	10 fragonard			3	75
				91	50

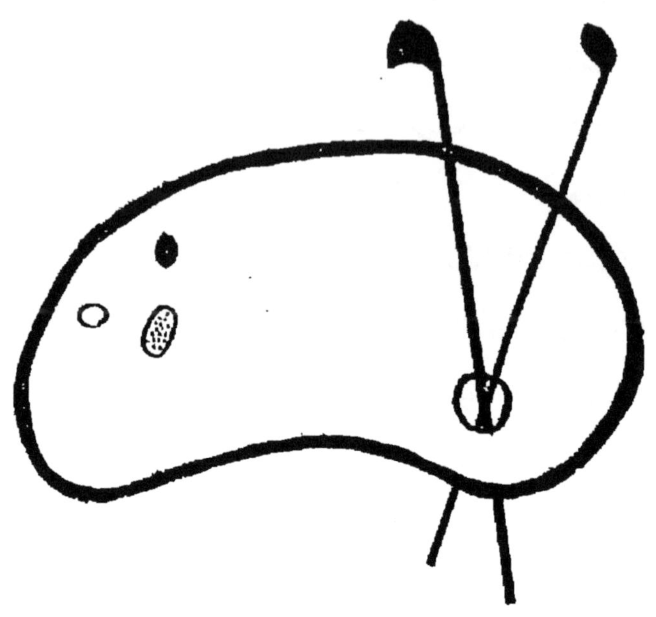

	M.M.		91	50
	12 portraits Lecomte		1	--
	10 H. Vernet		1	--
	45 lithographies 1830	Berger	2	--
n° 41	3 dessins acteurs Hervé	Soleirol	1	--
	160 acteurs	Soleirol	20	
44	2 dessins Guérin Perrot	Goncourt	50	
79	1 Robert	Goncourt	20	50
85	4 dessins	Goncourt	1	50
	7 dessins	Mahérault	2	
	8 dessins	Defer	2	
		f	192	50
			9	65
			202	15
	Marlet le tableau moderne encadré		3	15
			205	30

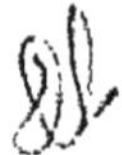

NOTICE

D'ESTAMPES

ET

DESSINS

DONT LA VENTE AURA LIEU

HOTEL DES COMMISSAIRES-PRISEURS

RUE DROUOT, N. 5

SALLE N° 5 BIS, AU 1er

Le Samedi 22 Mai 1858

A UNE HEURE PRÉCISE

Par le ministère de Me **PERROT**, commissaire-Priseur, quai des Grands-Augustins, 55,

Assisté de **M. VIGNÈRES**, marchand d'Estampes, rue de la Monnaie, 13, à l'entresol, entrée rue Baillet, 1,

Chez lequel se distribue la présente Notice.

PARIS

RENOU ET MAULDE

IMPRIMEURS DE LA COMPAGNIE DES COMMISSAIRES-PRISEURS

Rue de Rivoli, 144.

1858

ORDRE DE LA VACATION

Estampes n° 36 et 37 — 1 à 35.

Dessins n° 85 — 38 à 84.

On commencera à 1 heure précise.

CONDITIONS DE LA VENTE

Elle sera faite au comptant.

Les acquéreurs paieront, en sus des adjudications, CINQ pour cent applicables aux frais.

lot de Volumes	9	
Talleyrand avant l.l. encadré	3 75	
2 Vandermeulen	2 25	
Marlet Caveau moderne	3	Veg
Dessin Diane et satyres cad.	2	
4 Cadres	1 25	
6 Cadres	1	
5 Cadres	1 75	
1 Cadre Mad Talleyrand	1 50	
5 portraits encadrés	5	
3 frederic II et vie Rurale	2 50	
3 Woolett. Wolff Boyne Penn	3 75	

M.	Perrot	260 50		
Madam	Laurent	264 75	203 75	payé
M.	Leconte	47 50	36 45	payé
M.	Moulin	30 75	23 60	payé
M.	Chaumonot Cosson Corby 13 place du pont neuf	12	9 25	payé
M.	Farjas	66 75	51 35	
M	Hervey	58 25	44 90	
M	H.V.	6 75	5 15	
M.	Fontaine	2 75	2 10	

frais 23 %

DÉSIGNATION

DES ESTAMPES

1 **Ademollo** (d'ap.). Énéide, 30 p. au trait. Bas-reliefs avec texte, broché.

2 **Boucher.** Têtes de jeunes filles gravées en manière du crayon sanguine, par Bonnet. 2 p. Très-belles ép.

3 — La petite moissonneuse et autre sanguine, par Briceau.

4 — Jeune berger ornant de fleurs sa bergère. Sup. ép., par Demarteau, sanguine.

5 — Quatrième cahier de groupes d'enfants, gravé par Aveline. 6 p. Superbes ép.

6 — Cinquième cahier de groupes d'enfants, gravé par Huquier fils. 6 p. Superbes ép. toute marge.

7 — Vénus donnant du nectar à l'Amour. — L'Amour instruit par Mercure. 2 p., par Basan.

8 — Pastorales, sujets gracieux. 10 p.

9 **Chapron.** Loges de Raphaël. 50 p. dont plusieurs doubles.

10 **Demarteau.** Jolies têtes de femmes gracieuses. d'ap. Courtois, sanguine. Très-belles ép. 2 p.

11 — Et autres, d'après Huet, Leclère, etc. 9 p. à la sanguine.

12 **Fialetti** (Odoardo). Paysages et titre, 11 p.; précédés des monuments de Rome antique, par Nieuland. 20 p. — Le portrait de Boutemie. En tout 32 p. Petit vol. oblong.

13 **Fragonard.** Lafage, Larue, etc. Bacchanales, 13 p.

14 **Fragonard** (d'ap.). La bonne mère, la résistance inutile et autres, d'ap. Prudhon. 6 p.

15 **Jeaurat.** L'économe, jolie pièce, par Aubert.

16 **Larmessin** (N. de). Frère Luce, d'ap. Vleughels (Conte de La Fontaine), Belle ép.

17 **Lebrun** (d'ap.). Renouvellement d'alliance avec les Suisses, siége de Douai, Tournai, défaite des Espagnols. 4 p. Belles ép. toute marge.

18 **Leroux.** La statue et les bas-reliefs du tombeau du général Foy. 7 p. et texte.

19 **Le Sueur.** Lebrun, Jouvenet, etc. 10 p.

20 **Meyer.** Sujets sur la mort. 9 p.

21 **Monogramme.** HR. V. W 1540. H M 1540. Christ en croix entre deux saints, dont un évêque qui porte un poisson sur son livre, et deux saintes dont une couronnée a les mains attachées à un arbre et le feu la consume par en bas. Au-dessous, dans une sorte de chapelle basse, cinq seigneurs d'un côté et trois de l'autre sont à genoux et prient; au-dessous huit lignes allemandes. Pièce très-rare et très-curieuse.

Berger 3

(36) Madame Laurent

32 Divers 3 25
20 Divers 1
78 Animaux Marc de Bye Dujardin etc 1 25
14 – Divers × Vig – 10 50
21 Têtes Académies Antiques 1
6 fleurs couleur
14 Lithographies 2
12 Paysages
6 Ecole Anglaise 1
14 Sujets religieux
18 paysages 2
10 – Ecole Italienne × Vig –
22 Paysages 1
28 Castiglione Salvator Rosa
24 Ecole Flamande
8 Greuze
20 – Lithographies Scheffer × –
28 Ecole Flamande Ep. mod. 50
31 – Sujets religieux × Vig –
24 Dorigny etc 1 25
25 Ecole Italienne 1
25 Ecole Italienne 2 50
25 Ecole Italienne 2 50
38 Ecole allemande Dürer etc 25
25 Gracieux Ep. modernes 3 50
20 – Ecole flamande × Vig – 4 25
10 Beatrizet 1 25
30 Marc antoine, Lafreri, Caraglio etc 8
27 50

	Madame Laurent		50
	13 Baudouin etc	3	50
	13 Fragonard etc	3	
	13 Jeaurat etc	3	
	12 Coypel Lancret etc	1	
	2 Nymphes Scrupuleuses etc	2	
	14 Sujets graveurs	1	75
	48 Vignettes	2	50
	51 rives de la Loire	7	
	10 Scheffer Decamps etc	1	
(85)	4 Dessins Sanguine 3 D Sujets d'enfans	1	50
	3 Sepia paysages	1	50
	3 Paysages Encre de chine	2	30
	3 Paysages et Sujet	1	25
	4 Sujets	2	75
	3 Plumes	1	
	2 David et interieur	1	25
		114	75
	6 [illegible]	2	

(36) M. Morel

70 Vignettes environ animaux dans le portefeuille parchemin 1
50 Vignettes 1
50 Vignettes 1
44 Vignettes et scenes de la Revolution 1
50 Paysages 1
64 Bizemont paysages et sujets 1
30 – Vignettes a l'eau forte dans portefeuille Martin 2
50 – Vignettes a l'eau forte Filhol 2
50 – Vignettes Lafontaine doubles 2
50 – Vignettes Olympe Quenedo 1
43 – Portraits Versailles et autres
30 – eaux fortes Concours decennal etc. Martin 1
39 – Statues et paysages Quenedo 2
12 Pieces anciennes 1
22 Pieces eaux fortes 1
30 Paysages eaux fortes 1
lot de dessins et Calques avec portefeuille 1

(36)

M. Ch. Cosson C.

1 Vigtrole gravé par Hebon publié par 131		1	25
1 - Galerie Metalique 20 portraits		1	25
1 . Tableau Statistique de la Normandie 21 Vignettes et alexandre p Caron 12 Vues Paysages Vignette		1	
7 Vignettes et Bernardin de S Pierre // carton			
3 - Port. Richelieu, Montaigne, Racine	Vig	1	
22 - Vignettes, Girardet, Leroux etc	Vig	1	
3 - Statues antiques du Musée av. l.l.	Vig	1	
3 - paysages carrés Musée av. l.l.	Vig	2	
4 - Paysages ovales Musée av l.l.	Vig	2	
1 Phedre et Hippolite Desnoyers cartonné		1	75

(36) J.E.N, 100 pieces Vignettes diverses	1	25
Album de 44 pieces album 72 pieces 116	4	50
1 Gimblette 20 Grandes pieces	1 6	75
Cahier amours des dieux 16 p.	2	75
	9	50

(37) M Lecont

52 Etudes par LeBarbier tête pieds mains 2
26 . Animaux et paysages 1
29 . Paysages par Marchand 1
38 . de Reverdin 3
12 – Portraits et paysages etc 1
16 Ossian de Girodet (têtes) 1
7 Chiens 2
12 Vues de Francfort 2
13 Pièces anciennes et gal. de Versailles 1
22 Costumes Grecs et Militaires
10 Animaux couleur 1
15 Fleurs ornements 1
16 par et d'après Carle Vernet
10 Horace Vernet 1
10 Raffet Valachie
16 Bellanger Charlet
5 Gericault
6 Hubert
11 Blanchard Ferrogio
20 Lithog. par V. Adam
12 Histoire de Napoleon
45 – Lithographies 15 – 29 M Berger 2
6 Vues de Suisse de Bienman couleur
3 portefeuilles 1

(36) M. Per

	Nombre	Sujet			
	50	Plantes fleurs		1	25
	60	Environ Antiques etc et plus		1	50
	50	Divers			
	50	Divers		1	
	50	Divers		1	
	50	Divers		1	
	60	Divers	× Vignon –	1	
	10	Fragonard	× Vignon –	3	75
P.	130	Vues		2	
P	26	Divers		2	25
P	52	Portraits		2	75
P	18	Sujets gracieux			
(85)	20	Dessins Paysages		1	75
	20	Paysages		3	75
	20	Paysages		1	
	20	Paysages		1	
	22	petits sujets Vignettes		1	
	20	divers		1	
	21	Tetes			
	22	Animaux		1	25
	26	figures sur 18 flles		1	
	20	a la plume bistre			
	20	divers		1	75
	20	Ecole Francaise			
	12	Architecture ornement		4	75
	12	Paysages etc		2	50
	13	Sujets divers		3	25
	18/19	Ecole Francaise Boucher		1	
				1	75
				43	75

17 portraits

(25) 15 portraits – 7 50

– 13 portraits – 7 50

10 Delamet 6 50

(26). 184 Bois Theatre 15 Sol. 20 f

34 acteurs 9 25

– 35 acteurs – 10

– 30 acteurs – 9 Sol. 10 f

Sol. 20

22 **Ornements.** Moreau, Lepautre, etc. 12 p.

23 **Piranesi.** Saint-Paul, Saint-Pierre du Vatican et autres vues de Rome. 27 p.

24 **Piringer.** Constantinople et le Bosphore. 24 pl.

25 **Portraits,** par Drevet et autres, d'après Reynolds, etc.; environ 90 portraits. Seront divisés.

26 — Portraits d'acteurs, actrices, musiciens anglais et français, gravés et lithog. 280 p. Sera divisé.

27 **Poussin** (d'ap. N.). Sacrements, paysages, etc. 21 p.

28 **Rubens** (d'ap.). Paysages et sujets, 9 p.

29 **Swanenburg.** Sujets de la Bible. 7 belles p.

30 **Teniers** (d'ap.). Tentation de saint Antoine, etc. 10 p.

31 **Watteau** (d'ap.). Les deux cousines, par Baron. Rare.

32 **Watteau** (d'ap.). Panneau d'ornements, par Guyot. Enfants chasseurs.

33 — Départ de garnison, par Ravenet.

34 **Wille.** Les Soins maternels.—Les Délices maternels. 2 p. Très-belles ép.

35 — Gazetière, Cuisinière, Cléopâtre, etc. 4 p.

36 Environ 800 pièces, Ecole française : Baudouin, Fragonard, Greuze, etc.; Ecoles allemande, flamande et italienne, seront divisés sous se numéro.

37 Histoire de Napoléon, par Victor Adam. Charlet, Bellanger, H. Vernet, Hubert, Géricault, études de Reverdin et autres, seront divisés sous ce numéro.

DESSINS

38 ANONYME. Buste de Madeleine, dessin au crayon de couleur très terminé.

39 — Le linceul de Jésus-Christ, avec anges et allégories, sur vélin.

40 — Costume d'un chevalier du Saint-Esprit. Aquarelle.

41 — Portraits d'acteurs, actrices, musiciens français et étrangers : Rachel, Frédéric Lemaître et autres célébrités ; environ 160 croquis à la plume et au crayon. Sera divisé.

42 — Figures fantastiques et grotesques, scènes, charges et diaboliques, trois dessins très-curieux.

43 — Études peintes, perroquet, faisan, toucan, etc. 3 pièces.

44 — École française, Marché et Foire de village, deux très-jolis dessins lavés au bistre rehaussé de blanc.

45 BALLIAUD. Rome, 1789, charge d'un homme qui se chauffe.

46 BOILLY. Arlequin et Colombine dansant, jolie sépia pour vignette.

47 BOUCHER. Reine en pleurs agenouillée aux pieds du grand prêtre et de l'autel. A la plume et au bistre.

48 Étude de forgerons. Crayon noir.

49 Tête de jeune fille. Aux trois crayons.

50 CALLOT. Moïse, l'Enfer, Naissance du Christ, le Calvaire, le Jugement dernier, Résurrection de Jésus-Christ. Six dessins contenant un grand nombre de figures.

fol. 2

fol 31

51 CALVO (Joseph). 1828. Bacchanales d'enfants. Deux dessins à la plume.

52 CLERMONT. Famille de bergers au repos. Lavé de sanguine, signé.

53 DESHAYES. La Fidélité surveillante. Joli dessin à la sanguine ayant servi à la gravure.

54 DIETRICY. Paysage avec Tobie et l'ange.

55 DUCLOS (A.-J.) 1770. Le Déserteur et pendant. Deux jolies scènes de théâtre, charmants dessins à l'encre de Chine.

56 ÉCOLE DE FONTAINEBLEAU. Diane et ses nymphes près d'une fontaine de riche architecture. Dessin à la plume lavé, rehaussé de blanc, de forme ronde.

57 FRAGONARD. Homme en pied tenant son chapeau à plumes. Au bistre.

58 — Allée d'arbres dans un parc avec statue au fond. Au bistre.

59 FRAGONARD (attribué à). Jolie tête de jeune fille. Aquarelle.

60 — L'Amour et la Poésie. Aquarelle.

61 GRÉGOIRE. Environ vingt études faites d'après nature.

62 — 1781, croquis au crayon d'une jolie dame savonnant.

63 GREUZE. Croquis à l'encre de Chine, de deux figures.

64 HUET (J.-B.), 1776. Mère et ses enfants, croquis à la plume lavé.

65 — 1778. Enfant jouant avec une poule. Joli crayon à la plume lavé.

66 — 1787. Marchands ambulants près d'une fontaine. Croquis lavé au bistre.

67 — Anges offrant des fleurs à l'Enfant Jésus soutenu par sa mère. Croquis à la plume lavé à l'encre.

68 HUET (J.-B.) Scène villageoise, croquis au bistre.

69 LARUE. Environ trente Amours dans toutes les poses. Lavé au bistre.

70 — Sacrifice à Vesta, avec grand nombre de Vestales. A la plume.

71 — Sacrifice. A la plume, lavé au bistre.

72 LEBRUN (Mme). Tête d'étude de femme à la sanguine. Belle étude.

73 LEMOINE. Cérès entourée d'amours et personnages allégoriques. A plusieurs crayons.

74 LEONI (Octave). Trois têtes au crayon noir. Trois dessins.

75 MOITTE. Repas des Dieux. Lavé au bistre. Jolie frise pour bas-relief.

76 OUDRY. Trois études de paysannes. Crayon noir rehaussé de blanc. Contre-épreuve du même dessin. 2 pièces.

77 PARMESAN. Adoration des bergers. Détrempe, grisaille.

78 PAROCEL. Cavalier à la plume et intérieur avec buveurs. Deux dessins.

79 ROBERT. Escalier du Capitole. Aquarelle signée.

80 — Scène de famille près d'une statue de lion. Aquarelle.

81 — Composition d'architecture avec escalier. Croquis à la plume lavé.

82 SARCUS, 1764. Entrée d'un parc. Aquarelle.

83 VAN KESSEL. Fleurs et insectes. Deux aquarelles sur vélin.

84 Tapisserie, tête d'enfant.

85 — Environ 200 dessins de diverses écoles seront divisés sous ce numéro.

Renou et Maulde, Imprimeurs de la Compagnie des Commissaires-Priseurs
rue de Rivoli, 144. 10657

Goncourt
Maherault
Defer 12/
Perrot

2	Portefeuilles	Pers	0
3	.	Leconte	1
1	.	Farjas	0
6	.	Laurens	2

78 Vente du 12 Mai 1858

Morlet Carcan moderne Cadre 3

x n° 18 Lorrain Vierge 2

Loron 14 [illegible] 10 - 50

[illegible] [illegible] 5 -

7 [illegible] 1 - 75

31 [illegible] 6

4 [illegible] 4 - 75

Paul [illegible] Martin 2 - 50

[illegible] Martin 2 50

[illegible] 2 50

[illegible] Champ[illegible] 1

[illegible] 5 50

[illegible] 1 [illegible]

[illegible] 3 70

[illegible] 3 portraits 1

22 [illegible] 1

3 [illegible] 1

3 [illegible] 2

4 [illegible] 2

Leconte 11 [illegible] 1

13 [illegible] 1

[illegible] Vierge 2

Perret 50 [illegible] 1

10 [illegible] 3 75

n° 26 184 Dix Soleirol 15

30 actions Soleirol 10

n° 31 1 [illegible] cousine 5 50

n° 41 3 [illegible] Soleirol 1

160 Dix Soleirol 20

n° 46 Dessin Goncourt 60

n° 79 Robert Goncourt 20 60

n° 85 Le Dreux Goncourt 1 50

7 — Mahérault 2

8 — Defer 2

750 715 715 715

[illegible] 31 [illegible]

99.75 [illegible] 2145 [illegible]

76 [illegible] [illegible]

38

750

[illegible]

0 1 2 3 4 5 6 7 8 9 10

[illegible]

[illegible] [illegible]main [illegible] [illegible]

[illegible] [illegible] [illegible]

[illegible] 0 — 65

[illegible]tage 35

0

www.ingramcontent.com/pod-product-compliance
Ingram Content Group UK Ltd.
Pitfield, Milton Keynes, MK11 3LW, UK
UKHW021032200726
13857UKWH00004B/1705

9 782011 907585